ちいさいなかまブックレット

ゼロ歳児クラスの12か月

社会福祉法人 **新瑞福祉会** 著　柏木 牧子 絵

ちいさいなかま社

新瑞福祉会について

　社会福祉法人新瑞福祉会は、1965年、無認可の共同保育所としてスタートし、現在は名古屋市瑞穂区で、5つの保育園と、学童保育所・児童のデイサービス・相談支援事業などを行っています。保護者の働きやすい条件づくりと、子どもたちが豊かに育ち、職員も生き生きと保育できるように、保護者や、地域のみなさんとともに保育をつくってきました。

　そのなかで、地域の要求に応えて、一時保育事業・障害児保育事業・地域子育て支援センター事業・産休明け育休明け途中入所予約事業・日祝日保育事業・延長保育事業・24時間緊急一時保育事業など、さまざまな特別保育事業を行っています。

　特に、産休明けからの保育を、制度化される前から取りくんできたこともあり、乳児期の保育については、ていねいに実践を積み重ねてきました。乳児期には、人とかかわる心地よさをたっぷりと伝えることを大切に、日々の暮らしのなかで子どもたちとの関係を深めていこうと取りくんできました。

　そんななか、2015年に待機児童対策で、ななくさ保育園を、2017年には公立保育園の移管を受け、とうえい保育園を開設し、ここ数年で20歳代の若い職員が急増しました。そこで、法人の保育を、若い職員に伝えていこうと、法人内に研修委員会・安全対策会議・保育相談部などを置きました。全職員で保育を

交流し、子どもを見つめ直し、解決の糸口をみんなで探れるような対策を、各園任せにせず、法人全体で行ってきています。

共同保育所から50周年の年には、法人の歴史と保育をまとめた『まあるくなれ、わになれ―みんなでつくる、みんなの保育』（新読書社）を出版しました。そのタイトルの通り、「まあるくなれ、わになれ」と、多くの人たちと手をつなぎあい、子どもたちが平和で幸せに育つことができるよう、取りくんでいます。

園の目標

女性の働く権利と子どもの発達を保障し、地域に根ざした保育園をめざします。

1　多様な保育要求にこたえる保育園をつくります。
2　保護者とともに、よりよい保育内容をつくります。
3　地域の子育てセンターの役割を果たし、子育て支援を進めます。
4　健康で生き生きと働き、学び高まりあう職員集団をめざします。

実践園について

★ たんぽぽ保育園

定員：80名／開園時間：7時〜24時／対象児童：産休明け〜5歳児

　1972年、法人の設立とともに認可されました。当時は乳児30名定員でした。現在は就学前までの80名定員となっています。乳児は年齢別、幼児は異年齢保育を行っています。夜12時までの夜間保育を実施、合わせて24時間緊急一時保育も行っており、24時間365日開園している保育園です。他に、一時保育、産休明け育休明け途中入所予約事業などを行っています。にぎやかな繁華街の中にあり、法人本部や学童保育所・児童のデイサービスなどの施設も隣接しています。

★ こすもす保育園

定員：100名／開園時間：7時〜20時／対象児童：産休明け〜5歳児

　1981年に開設しました。当時瑞穂区にあった2つの共同保育所と合併して、法人で初めての幼児の保育を実践しました。産休明けから就学前まで100名定員で、年齢別保育を行っています。地域子育て支援センター事業、産休明け育休明け途中入所予約事業、日祝日保育事業などの指定を受けています。閑静な住宅街の中にあり、春には桜の美しい山崎川や、公園・グラウンドなどに毎日散歩に出かけ、あそび中心の保育を大事にしています。

★ さざんか保育園

定員：40名／開園時間：7時〜19時30分／対象児童：産休明け〜3歳児

　こすもす保育園の設立とともに、年度途中入所の施設として、さざんか共同保育所を開設しました。その後、こすもす保育園の分園となり、2011年に、3歳児までの40名定員の保育園として独立認可されました。こすもす保育園と山崎川をはさんで徒歩5分ほどの場所にあり、交流保育も行っています。

この本について

★ ゼロ歳児の12か月の保育（2014年度の実践）を、以上の3園で4か月ごとに分担して執筆しました。（目次参照）

★ 『1歳児クラスの12か月』（2015年度の実践）『2歳児クラスの12か月』（2016年度の実践）では、この本で紹介したゼロ歳児の進級後のようすを、同様に3園で分担して執筆しています。

ゼロ歳児クラスの12か月　もくじ

新瑞福祉会について ……………………………………… 2
実践園について …………………………………………… 4

こすもす保育園　まめっちょぐみ …………………… 7
　4月のまめっちょぐみ ………………………………… 10
　5月のまめっちょぐみ ………………………………… 14
　6月のまめっちょぐみ ………………………………… 18
　7月のまめっちょぐみ ………………………………… 22
　まめっちょぐみの12か月 …………………………… 26

たんぽぽ保育園　たまごぐみ ………………………… 27
　8月のたまごぐみ ……………………………………… 30
　9月のたまごぐみ ……………………………………… 34
　10月のたまごぐみ …………………………………… 38
　11月のたまごぐみ …………………………………… 42
　たまごぐみの12か月 ………………………………… 46

さざんか保育園　はなまめぐみ ……………………… 47
　12月のはなまめぐみ ………………………………… 50
　1月のはなまめぐみ …………………………………… 54
　2月のはなまめぐみ …………………………………… 58
　3月のはなまめぐみ …………………………………… 62
　はなまめぐみの12か月 ……………………………… 66

新瑞福祉会のゼロ歳児保育で大切にしていること ……… 67

4月〜7月の まめっちょぐみ

★ こすもす保育園 ★
ゼロ歳児クラス

ちっちゃくても なかよし

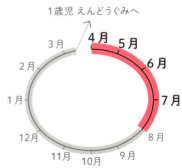

1歳児 えんどうぐみへ

こすもす保育園
まめっちょぐみ

行事

4月	●入園式　●誕生日会
5月	●公開保育 ●懇談会（1年の保育で大切にしたいこと） ●家庭訪問　●誕生日会
6月	●誕生日会
7月	●誕生日会　●懇談会（離乳食）　●夏祭り

主な日課（7月）

〈小グループ〉

8:00	
9:00	（ミルク） 午前睡 （9:00〜11:00の間に1時間ほど）
11:00	あそび シャワー 離乳食
12:30	午睡
15:00	ミルク
17:00	お迎え

〈大グループ〉

9:30ぐらい	朝の集まり
10:00	主活動 シャワー
11:30	ご飯
12:00	午睡
15:00	おやつ
16:00	あそび

2014年度　まめっちょぐみ

- KHくん ……… 13年4月生／4月入所
- MNちゃん ……… 13年7月生／4月入所
- YKちゃん ……… 13年7月生／4月入所
- YSちゃん ……… 13年12月生／4月入所
- YNちゃん ……… 14年1月生／4月入所
- TNちゃん ……… 13年5月生／5月入所
- RTくん ……… 13年6月生／6月入所
- KSくん ……… 13年6月生／6月入所
- TMくん ……… 14年2月生／6月入所
- YAくん ……… 13年7月生／7月入所

担当保育士
- ちかちゃん（11年目）
- かんちゃん（36年目）

4月：子ども5名　16:00〜17:00 臨職1名
5月：子ども6名　16:00〜17:00 臨職1名
6月：子ども9名　朝夕ほか 臨職2名
7月：子ども10名　朝夕ほか 臨職4名

6月の月案　方針と取り組み

集団づくり	クラス運営	●新しい友だちと仲よくなる。 ●親子通園を受けいれる。	あそび		●月齢に合わせた取り組みをする（ポットン落とし、ブロックのはめはずし、積み木積み）。 ●みんなで楽しむあそびをする（「大風こい」「ひげじいさん」「にぎりぱっちり」）。
	魅力的な活動	●大きい子を中心に「朝の会」を始める（マークを使って）。 ●わらべうたあそび、絵本など数人であそぶ。	散歩		●4人乗りベビーカーでドライブ散歩。 ●YSちゃん、YNちゃんも2人乗りベビーカーでぐるり散歩。
基本的内容	育てたい力	●新しい友だちの存在に気づき、関わろうとする。 ●おとなの動きで不安にならないよう気をつける。	食べる	作って	
	日課	●朝はゆっくり過ごし、少し寝たりする。 ●寝すぎないように気をつけ、活動もきちんと位置づける。	課業	手指活動	●ポットン落とし、ボール投げ、ブロック積み、吊りおもちゃをつかんだり振ったりする。
	睡眠	●子ども1人ひとりの必要な睡眠量がとれるように、それぞれの生活を充実させる。 ●安心してぐっすり眠れるようにする。		体育	●ハイハイであそぶ。つかまり立ち、伝い歩き、三角滑り台あそび、トンネルくぐり。
	食事	●後期食：TN　KS　MN　YK ●完了食への移行を進める：KH ●親子通園の時に給食室と相談して離乳食をすすめていく：RT		科学	●水、お湯をさわってみる。 ●雨を知る。 ●シャボン玉。
	排泄	●活動の区切りごとにおむつを替える。		文学	●繰り返しの言葉を知る。 ●絵本にでてくる動物や植物を知る。
	着脱	●子どもたちのとれる姿勢に合わせて着替えをする。 ●「キレイキレイしようね」「おててはどこかな？」など楽しい雰囲気で着替える。		わらべうた・歌	●「ちゅっちゅっこっことまれ」「でろでろつのでろ」「あめがあめが」
	清潔	●活動の後に清拭またはシャワーをして着替える。 ●手や足が汚れた時は水で洗う。		描画	●抹茶、片栗粉など、いろいろな素材でぬたくりあそび。 ●フィンガーペインティング
	片づけ	●子どもと一緒に片づけてみよう。	連絡		●持ち物には必ず記名をお願いします。朝おうちからはいてくるおむつにも、名前を書いてきてくださいね。 ●新入園のお子さんは家庭訪問があります。都合のよい日を相談しましょう。 ●誕生日会は10時からホールで行います。
	環境	●いつも使っているおもちゃは、片づけるかごや場所も決める。			
	健康	●こまめにお茶を飲む。 ●外であそぶ時は帽子をかぶり、日陰の場所を選ぶ。 ●室温や湿度に注意し、扇風機やエアコンを使い、過ごしやすくする。			

こすもす保育園

4月の まめっちょぐみ

親子通園から始め ゆっくり慣れて…

◆ 親子通園

　入所時に3日間の親子通園をしてもらっています。

　1日目は主活動への参加。「おうちではお散歩どうしてましたか？」などの聞きとりをしながら、2日目はおうちで食べているものをお弁当にして持ってきてもらいます。給食担当者にも見てもらい、これから始まる離乳食の段階を決めていきます。3日目は、おふとんと保護者のお弁当も持参してきてもらいます。保育園の給食を食べ、午睡に挑戦。寝れても寝れなくても練習だから大丈夫。寝れたら、起きるまでママもお弁当を食べながら、お部屋で待機してもらっています。

◆ 子どもの思いをくみとるのを基本に

　保育士はゆるやかな担当制をとっていますが、子どもの活動や日課がより1人ひとりに合うようにするためには、朝、夕方など担当している時間以外で見せる子どもたちのようすもおたがいに知っていることが大事と考え、4月当初は勤務時間による担当で始めました（早番は小グループ、遅番は大グループでローテーション）。

　抱き方や声の違いを感じて、ミルクの飲み方にも違いを見せる子

> ### 4月のねらい
>
> ★ 子どもはもちろん、保護者に、まず保育園に信頼を寄せてもらえることを大切に。
> ★ ノート・家庭訪問も大切に。

どもたち。無理せず、誰と食事をとりたいか、寝たいかなど、子どもの思いをくみとることを基本にしています。「頭のここをすりすりしたら気持ちよさそうに寝られたよ」「昨日の夕方は眠くなったから、しばらく寝たほうがいいね」などと交流しながら、保育も一致させるようにしていきます。

保護者には、どちらか会える保育士が伝えるようにしました。

> ### 握手でバイバイバイ！
>
> 4月生まれのKHくんが、いよいよ母子分離が始まったころ、朝、おもちゃであそび始めたKHくんに気づかれないようにそっとママが行ってしまうと、しばらくして気づき、部屋の入口で大泣きするのが数日続きました。
>
> そんな姿から、1歳でいろんなことがわかるからこそ、朝のお別れをきちんとしよう！とママと決めて、「握手でバイバイバイ」のうたで見送るようにしました。そのときは泣けても、しばらくすると、自分であそびや生活に気持ちを切りかえていくKHくんでした。
>
> さすが1歳！

4月のまめっちょぐみ

日課

- 親子通園で聞きとりをした日課を参考にしながら保育園での日課づくりを始めていきます。4月中旬のころは、1歳になりたてのＫＨくんは1回睡眠、7月生まれの2人は2回睡眠。12月生まれのＹＳちゃんは3回睡眠と、まだ1人ひとりバラバラな日課。疲れたときも寝ていました。

睡眠

- 24時間の生活を見ながら保育園での睡眠量を考えていきます。また、安心して寝ていける1人ひとりの寝つき方を探っていきます。

食事

- 親子通園で教えてもらった段階から離乳食を始め、保育士やなかまといっしょに楽しく食べられることをめざします。給食担当にも食事のようすを見てもらい、食べられる食材、調理方法などをくふうします。

排泄

- おむつ交換マットを使い、担当保育士が替えると、安心して寝ころんでくれます。手におもちゃなど持たせたり、安心してもらう材料が必要です。

- おむつ替えは、1対1で向きあってスキンシップをはかれる大事な時間。「キレイにしようね〜」「今日は○○してあそんだね、楽しかったね〜」とことばをかけたり、合間にくすぐりあそびをしたりして、おとなにしてもらうことを心地いいと思えるようにしています。つかまり立ちであそぶのが好きな子は立ったまま替えるなど、1人ひとりに合わせて気持ちよく替えることを大事にしています。

あそび

- 保育士と好きなおもちゃ、好きな姿勢であそびます。午前中の活動は、月の前半はお部屋あそびやマッサージなど。後半にようやく散歩などが始まりました。

- 7月生まれのYKちゃんは、おうちでマラカスのおもちゃが好きだと聞いたので、保育園でも用意してみました。朝、そのおかげで泣かずにママとバイバイできました。

- わらべうたはどの子も大好き。ちいさい子にはプレイジムにも手製の吊りおもちゃを下げ、あそびました。

5月の まめっちょぐみ

1人ひとりとていねいに信頼関係を結ぶように

◆ 家庭訪問

　入所時に家庭訪問を行っています。朝・夕の送り迎えのときだけではなかなかお話しする時間もないので、4月下旬ごろからスタートし、慣れてきた園生活のようすをお伝えしています。

　祖父母も含めた家族のこと、お仕事のこと、入所して不安に思うこと、子どもの名前に込められた思いなどなど、1人ひとりの子どもたちを大事に受けいれていくうえで、その子がどんな環境で育っているのかを丸ごと知っていくことは、とても大切なことだと改めて実感します。

　自分のおうちに保育士が来ることは、子どもたちにとってもちょっぴり特別なことのよう。子どもたちや保護者とも、お近づきになれる気がします。

◆ 公開保育と懇談会

　保育園でのようすを見てもらう1回目の「公開保育」を行いました。ノートだけではわからない、どんなふうにベビーカーに乗っているか、あそんでいるかなどを見てもらえました。

　第1回目の懇談会も、夜に行いました。懇談会の日程は年間行事として事前にお知らせしています。スライドショーで保育園での食事や散歩の姿を見てもらうほか、わらべうたあそびの紹介、1年の保育カリキュラムを説明し、保育の中で大切にしたいことをお話ししました。

　保護者からは、「家とは違うようすがわかった」とか「お友だ

5月のねらい

★ 1人ひとりの要求に合った生活を保障するなかで、安心、安定した生活を送る心地よさを知っていく。
★ 園生活に慣れ、保育士や友だちと仲よくなろう。
★ 充実した生活（飲む、食べる、あそぶ）を送ることで、満足感を味わう。

ちとの姿が見られて成長を感じる」「他の子のママたちと話ができてがんばっているようすがわかり、励みになった」などの感想が出されました。

◆ 5月をふり返って

　まだまだ1人ひとりにていねいにかかわる保育が必要な時期です。子どもたちも不安があるので、寝つくところ、授乳、着替えの場面では、できるだけ担当保育士がお世話をするようにして、信頼関係を結ぶようにしていきました。

はじめての誕生会

　5月の誕生会（ゼロ～2歳児）で3階のホールにデビュー。TNちゃんのうれしそうだったこと！それまで、食事のとき、にんじんと大根の煮物しか食べず、ミルクでおなかを満たす日々で「イスに座りたくない」「食べたくない」の姿だったのが、この日以降、急に食べ始めました。楽しそうに、しかもたくさん！1歳といえど、みんなから祝福されたことが本当にうれしかったのだろうし、なにより保育園が大好きになれるきっかけになり、本来の自分を出してくれるようになったのではないでしょうか。

5月のまめっちょぐみ

日課

- 4月で見せてくれた子どもたちのようすから、子どもたちが機嫌よく暮らせることをなにより大切に、1人ひとりに合った日課をつくっていきます。ママの仕事が本格的に始まり、お迎え時間も18時になったＫＨくんは、食事の時間になると眠くて食べられなくなることが続いたので、午前睡を1時間ぐらいしてみました。すると、やはりすっきりして機嫌よく食事ができました。

睡眠

- ぐっすり眠るには安心感が必要。抱っこで寝ついてからふとんに移動させるのは大変でしたが、子どもたちは新しい環境でがんばっているよね、と保育士同士確認しながら、しばらくは続けました。直接、ふとんでトントンで寝ていける子も出てきました。

食事

- 1人ひとりに合った離乳食を給食室といっしょにすすめていきます。手づかみ食べやひと口にかみ切ることなど、食べ方もていねいに伝えていきます。

排泄

- おむつ替えも慣れた保育士がやるよ

うにし、活動の区切りに、ことばかけをしながら楽しく替えます。

あそび

- ４人がいっしょに乗れるベビーカーに乗って、ぐるりと園まわりをお散歩しました。隣のマンションの駐車場を通る際、声が響くのを発見したＫＨくん。そういえば、保育園にかかってくる電話の音もいち早く聞きつけ、「アー！アー！」（でんわだよ！）と教えてくれていました。

- 園内では部屋か、広くて長～い廊下にくり出して、ハイハイで「マテマテあそび」を楽しみました。

- １月生まれのＹＮちゃんは、ミルク缶のふたで作った顔の吊りおもちゃに夢中でした。

6月の まめっちょぐみ

絵本などをみんなで いっしょに楽しむ姿も

◆「朝の集まり」を始める

　4、5月いっしょに過ごした子どもたちは保育士との信頼関係もできてきて、手あそび・わらべうた・絵本などをみんなで楽しめる姿も出てきました。『もこもこもこ』『だるまさんが』など、保育士の声の調子や表情や、絵本の中と同じようなしぐさを楽しめました。

　月の後半には「朝の集まり」と称して、手あそびや絵本を楽しんで、お茶を飲み、このあと何をするかなどの話もしてから、お出かけするようにしてみました。

◆ 引き続き、家庭訪問

　4、5月から続け、6月で7家庭を訪問しました。家庭丸ごとを知ろう…と、家でのようすを教えてもらっています。話がはず

> **6月のねらい**
>
> ★ 4月入所の子どもたちが不安にならないようにする。
> ★ 子どもたちは担当保育士を追って動くので、次の活動に向かうときは、保育士が余分な動きをしないようにする。
> ★ 月齢の高い子どもたちを中心に「朝の集まり」を始める。

むとママとパパの中学や高校時代の話にもなりました。

　保育園への要望や、不安に思っていることも聞かせてもらい、子どもたちを真ん中に、保育園と家庭でいっしょに子育てしていきたい思いを伝え、園への信頼を寄せてもらう機会と位置づけています。

◆「人見知り」も始まる

　子どもが9人になったので、保育士は2人の正規職員のほかパートさんが複数に。人を認識するがゆえの泣きも出始めました。そこで、子どもの目あてになる担当保育士が余分な動きをしなくてすむように、パートさんには保育以外の業務をお願いしていました。

> **安心の居場所、箱車**
>
> 　4月入所のＫＨくんが「握手でバイバイバイ」といううたとしぐさで気持ちを切りかえられ、朝のお別れが機嫌よくできたことに見習い、その後も1歳で入園する親子には「握手で～」をやってもらうようにしました。それでも新入園というのはドキドキするので「何で安心できるかな」と、引き続き探求していきました。
>
> 　6月入所のＲＴくんは、じゃまされない空間があることで安心でき、段ボールで作ったひもつきの箱車が居心地のよい場所になりました。

6月のまめっちょぐみ

日課

- 入園したてのときは疲れも出ることも考慮して、ゆっくり1人ひとりに合った24時間の日課づくりを考えました。実際に園で過ごしてみて、夕方疲れてしまうようなら寝てみたり。ただ、夜の睡眠に影響があってはいけないので、おうちの人と相談しながらしました。

睡眠

- 4月生まれのKHくんは、ついに1回睡眠に。5月入所のTNちゃんは1.5〜2時間の睡眠がとれるようになりました。順番に大きくなって睡眠のしかたや量も変化していきますが、月齢に合っていることがわかり、見とおしがもてました。

食事

- お茶のコップやスープのカップを手で持って、少しずつ傾けてこぼさないで飲めるように、おとなが手をそえるなどしました。

- 完了食や後期食の子たちには、この時期にしっかり手づかみ食べを経験させるようにしました。

- 給食室に日々子どものようすを伝え、手で持てるものを

多くしてもらったり、味や硬さなどがわかってきて食べる量も増えてきたので、おかわりもいっぱい用意してもらいました。

あそび

- 子どもが獲得した姿勢であそぶことを広げるようにしました。ハイハイの距離が伸び、テラスや廊下にも出てあそべるようになりました。

- 新入園児のRTくんはお気に入りの箱車に乗って、在園児はハイハイで、廊下に出てあそんだ帰り道、疲れはててときどき5歳児がこの箱車をクラスまで引いてきてくれま  した。おかげで、まめっちょの子どもたちの名前をフルネームで覚えて呼んでくれていました。

- 汗ばむ陽気に誘われ、ビニールプールを作りました。まずは何も入れないエアプール。そのあとにお湯を入れたので、はじめてのお湯あそびでも、どの子も泣かずに取りくめました。
保育士との信頼関係もふくらんでいたからこそ、不安にならずに楽しめたのかな。

7月のまめっちょぐみ
友だちへの興味・関心もグーンとふくらんで

◆ 2回目の懇談会、テーマは離乳食

2回目の懇談会は、離乳食について話しあう「給食懇談会」。保護者への事前アンケートで聞きたいことをリサーチしておきます。味つけ、レパートリーが少ないこと、食べさせ方などたくさんありましたが、当日、懇談会の場で解決していきました。給食室の担当者が試食用の離乳食を作ってくれ、助言もしてくれました。

> **YKちゃんのママのノートより**
>
> 　給食の試食ができて、とても参考になりました。味つけや硬さ、形など、イマイチどうしていったらいいのかなぁと思っていたので勉強になりました。他の保護者のお話も聞けて「みんながんばっているんだな〜」と励まされました。
> 　スプーンを上手に使う子たちのようすを見て、Yも自分で使って喜べるといいな〜私も根気よくやらなきゃな、と感じました。

◆ プールあそび解禁！

ベランダに大きなシャチのついたビニールプールをふくらませ、まずは水なしで単純にプールに出入りしたり、ボールをプールに入れて、ボールプールあそびをして楽しみました。

7月のねらい

★ 新入園児の受けいれをていねいにする。
★ 楽しく、主体的に参加できるように、毎日同じ取りくみをくり返す。
★ 朝の集まりや、みんなで同じあそびをするなかで、友だちとあそぶ楽しさを知っていく。

エアプールから本当の水あそびに変えるとき、はじめはお湯を入れていましたが、子どもたちはかえって冷たい水のほうを選んでいました。おとなの配慮は子どもの要求と違っていて、本来もっている子どもたちの感性を、改めて学ばせてもらいました。

腹ばいで楽しさを共感

月齢の低い（5～7か月）小グループの3人と、スケルトンの布を使ったわらべうたあそびで「大風こい」「ちゅちゅこことまれ」などを歌うと、「キャキャ」と声を出して喜んで、手足をバタバタ。腹ばいの姿勢も長くできるようになったので、起きあがりこぼしや木のこまを回すと、それを追ってズリズリ前へ進んだり、おなかでグルグル回ってあそべるようになりました。保育士も腹ばいになって、同じ目線で目を合わせてあそび、楽しい思いを共感できました。

7月のまめっちょぐみ

日課
- 4月生まれから7月生まれの大グループ7人が、朝の集まり、散歩などの主活動、シャワー、食事をして12時ごろには寝ついていく生活になりました。月齢の低い小グループ3人は、それぞれ1時間ほど午前睡をしました。

睡眠
- 散歩やお湯あそびなどの活動も楽しめたので、12時ぐらいから2時間～2時間半も寝ることができるようになりました。

排泄
- 散歩で汗をかくことで、その後の水あそびがなおさら気持ちよく感じられたようです。

あそび
- カリキュラムでは暑い日は散歩なしの予定でしたが、プールをより楽しむために、山崎川の木陰沿いのコースを選んで出かけました。
セミの抜け殻をさわってみたり、保育士がタモで捕まえた、勢いよく鳴く

セミとのふれあいも。
園に帰ってきて「暑かったね！お水あそびしようか」と、プールが子どもたちの身体にも気持ちよく受けいれられたようです。月齢が低くハイハイが十分でない子どもたちも、水の刺激が大好きになりました。

- 「朝の集まり」で読む本も、子どもたちから「あっ！」「あっ！」とリクエストがくるようになりました。好きな絵本は、『だるまさんが』と『もこもこもこ』でした。

- 友だちへの興味・関心がグ〜ンとふくらんできました。誰かが泣いていると「ン？」と指して教えてくれたり、頭をナデナデしてくれるなど、子ども同士の直接的なかかわりも増えてきました。

こすもす保育園
まめっちょぐみの12か月

　前半期は途中入所の親子をていねいに受けいれることを保育の柱にしてきました。保育士同士、ミルクの飲み方や寝つくときのくせ、朝の受けいれや夕方の子どもの姿も、メモ形式で書きとめて交流してきました。また、パートさんとも子どもの話をいっぱいしてきました。はじめて何かできた瞬間には「見て見て、○○ちゃんが△△できたよ～！」と声をかけあって子どもの姿を共有しました。年間を通して「子どもたちの今を探りたい、共有したい」という思いで、子ども１人ひとりの姿をクラスのおとなみんなが知っているという状況をつくりたかったからです。そのことが「ゆるやかな担当制」という方法だったのかなと思います。

　後半は、前半期につくってきたデイリーに基づき、月齢の高い子どもたちを中心に、朝の集まりや散歩、課業などのメリハリのある活動になっていきました。楽しい活動に向かうとき、子どもたちは散歩の前には自分のくつを出し、はこうとする姿も見せてくれました。食事のときは我先にとテーブルに向かって自分でイスに座りました。そんなようすを、ちいさい月齢の子どもたちも見ていたのでしょう。「楽しそう！」「私も行きたい！」と、楽しい取りくみへ参加したい気持ちがふくらんできて、朝寝をしない姿が出てきました。

　子どもの「行きたい！」要求はとても強く、寝かせようとすると泣いて訴えるほどでした。「行きたい」思いをわかってもらい、大グループといっしょに連れていってもらうと、その後の食事では、かなえてもらった満足感と、実際に楽しかった経験で会話も弾み、楽しい雰囲気が倍増。おとなも子どもも笑顔でいっぱいになったのを覚えています。そんなふうにして、楽しい活動へ参加する人数が増えていき、１回睡眠の生活に徐々に移行していきました。

　ゼロ歳児時代から、１人ひとりには思いがあって、それをかなえてもらう心地よさから信頼関係も深められたと思います。大好きなおとなに支えられ、保育園でのくらしがどんどん楽しいものになっていきました。

（神田春美）

8月〜11月の たまごぐみ

★ たんぽぽ保育園 ★
ゼロ歳児クラス

よいしょ
よいしょ
みんなで戸板登り

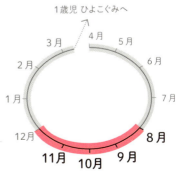

たんぽぽ保育園
たまごぐみ

行事

9月 ●避難訓練　懇談会

10月 ●運動会

主な日課（8月）

9:00	午前睡
10:00	あそび
11:00	離乳食、ミルク 水あそび
12:00	着替え 午睡
15:00	ミルク
16:00	あそび
17:00	夕寝 お風呂
18:00	補食・夕食 あそび
20:00	就寝

＊補食（おにぎり）は19時以降お迎えの子、夕食は20時以降お迎えの子、お風呂は21時以降お迎えの子が対象です。

2014年度　たまごぐみ

- MHくん ── 13年5月生／13年8月入所
- WJちゃん ── 13年4月生／4月入所
- HSちゃん ── 13年4月生／4月入所
- FSくん ── 13年5月生／5月入所
- MRくん ── 13年5月生／5月入所
- NSちゃん ── 13年6月生／6月入所
- IMちゃん ── 13年7月生／4月入所
- AKくん ── 13年7月生／7月入所
- ARくん ── 13年8月生／4月入所
- TYくん ── 13年9月生／4月入所
- KMくん ── 13年10月生／4月入所
- MMちゃん ── 13年11月生／4月入所
- HRちゃん ── 13年12月生／4月入所
- OTちゃん ── 14年1月生／4月入所
- SSちゃん ── 13年9月生／9月入所
- OSくん ── 14年2月生／10月入所
- IEちゃん ── 14年7月生／11月入所

担当保育士

- あいちゃん（13年目）
  →9月〜シゲちゃん（継続雇用）産休代替
- はるちゃん（7年目）
- えりちゃん（2年目）
- 9月〜みくちゃん（1年目）

夜間担当

- せぐっちゃん（34年目）

8月：子ども14名　朝夕ほか 臨職4名
9月：子ども15名　朝夕ほか 臨職4名
10月：子ども16名　朝夕ほか 臨職4名
11月：子ども17名　朝夕ほか 臨職5名

8月の方針

誕生児	ARくん

生活
- 子どもが自ら次の活動に向かえるように言葉がけをしたり、環境を設定して、わかりやすい生活をつくっていく。
- 離乳食は楽しい雰囲気の中で1人ひとりのようすを見ながらすすめていく。
- 自分で食べようとする意欲を大切にする。
- 「いないいないばあ」や「あんよぽっぽー」などと声をかけながら、楽しく着替えよう。

あそび・散歩
- 夏の自然にふれ、季節を感じ、いろいろなものを保育士と一緒に発見して楽しむ。
- 水あそびをたっぷり楽しもう。
- いろいろな素材にふれる（片栗粉、しらたき）。
- 夕方の涼しい時間に散歩に行く。
- 園内探検を楽しむ。

課業
- わらべうたを楽しもう。「ももやももや」「うまはとしとし」「うみだよかわだよ」。
- 赤ちゃん体操、リズム（きんぎょ、こうま、どんぐり）。
- 絵本を読んでもらい、楽しさを知る（「だるまさん」シリーズ、『いいおかお』）。

健康
- 朝、日中、夕方の気温の変化や体調に合わせて衣類の調節をする。
- お茶や湯ざましで水分補給をしよう。

10月の方針

誕生児	KMくん

生活
- 自分であそぶ、食べる、眠るなど気持ちよく向かえるようにする。
- 自分でやってみたいと思う言葉がけをする。
- 1人ひとりに合った日課を探りながら生活リズムを安定させていく。
- 離乳食は1人ひとりの食べるよう、食べ方を見ながらすすめていく。

あそび・散歩
- 天気のいい日は散歩へ出る（ぐるり、路地裏散歩、洲山公園、園庭）。
- 自分で部屋を出て、期待をもって園内探検を楽しむ。
- リズムを楽しむ（こうま、うさぎ、きりん、どんぐり、金魚など）。

課業
- マットの山登り、テラスの斜面登り、階段など楽しみながら体を動かそう。
- 大グループ：新聞ビリビリ、シールはがしなど。小グループ：かぎボード、ポットン落としなど。
- 保育士に絵本を読んでもらい、楽しもう（「だるまさん」シリーズ、『きんぎょがにげた』『おつきさまこんばんは』）。

健康
- こまめに水分補給をする。
- 1人ひとりの体調の変化に気をつける。
- 朝、日中、夕方の気温の変化に合わせて着るものを替えていく。

8月のたまごぐみ

毎日の日課のくり返しで子どもたちに見とおしが

◆ 24時間の生活を考えながら

　7月入所のAKくんは、登園時間が早いのですが、毎朝同じ保育士が受けいれている安心感もあって、その保育士を支えにしながら、自分でひざから降りてあそべるようになってきました。

　各家庭から、ご飯を食べられずに寝てしまったり、夜なかなか寝られなくて困るなど、おうちに帰ってからのようすを聞いて24時間の生活を考えながら、日課をくふうしていきました。

◆ 日課に見とおしができてくる

　7月生まれのAKくんまで8人の大グループは午前睡をしない子が多かったので、朝の主活動の時間にたっぷり水であそび、ご飯を食べ、ほどよく疲れ、おなかも満たされて寝ていく日課で、気持ちよく過ごすことができました。

　8月生まれのARくんから下の小グループ6人は、離乳食のあとに水あそびをしていました。午前睡をして、階段登りや廊下の散歩などの園内探検でひとあそび、離乳食を食べ、おなかも睡眠も満たされているこの時間が、一番気持ちよく水あそびができました。

　毎日同じ日課で過ごしていると、子どもたちにも見とおしができてきて、朝の集まりが終わると自分でズボンを脱

> **8月のねらい**
>
> ★ お湯・水でたっぷりあそび、水とふれあう楽しさを感じる。
> ★ 安定した生活と楽しいあそびの中で、保育士との信頼関係を深め、自分の好きなあそびを見つける。

ごうとする子も。小グループのKMくん、TYくんは、離乳食のあと、隣の部屋へ行き、保育士がテラスへのドアを開けただけで、自分たちでハイハイ、ズリズリしながら外へ行く姿が。日課に見とおしもできて、水あそびも楽しい活動になっているんだなと思いました。

はじめての水あそび、導入をていねいに

　水（お湯）あそびは部屋の前のテラスに、マットを敷いてします。テラスにはふだんはザラ板（すのこ）を敷いていて、散歩に出るときにくつをはいたり、ちいさい子は少し日光浴をしたりする場所です。突然環境が変わり、びっくりする子もいるので、まずはその環境、場所に慣れることから。

　服を着たままテラスに出てあそび、水あそび用のおもちゃを出してあそび、少し慣れてきたらチョロチョロとお水を出してみて、ピチャピチャとさわってみます。まだ服は着たままで、脱げそうな子は脱いでいきます。するとだんだん大胆にあそんでいくようになっていき、はじめての水あそびの導入をていねいにしていくことで、抵抗なく入っていける姿が見られました。

8月のたまごぐみ

日課

- 子どもたちが落ち着いてきた5月ごろから、キルティングマットを敷いて、朝の集まり（手あそびなど）を始めました。こ

のころはマットを敷くだけで「いいことが始まるのかな？」と子どもたちが自分で気がついて座りにくる姿があります。

睡眠

- 午前睡のない子も、朝起きた時間や前日寝た時間、体調を見ながら、午前睡・夕寝をする日もありました。

食事

- 月齢の高い子たちは咀嚼もしっかりできるようになってきたので、完了食へ移行していきました。食べ慣れた後期食（煮

物や焼き魚、おいものソテーなど咀嚼しやすいもの）をメインに、完了食の揚げ物や葉物、ひき肉料理などをお試しで付けてもらうようにして、ようすを見ながらすすめていきました。

排泄

- おむつ替えは交換台や交換マットを使い、「おむつ替えようか」などと声をかけながら。月齢の高い子は、交換台で保育士がおむつを持って、「〇〇ちゃん、おしっこ出たから替える？」と声をかけると、自分で替えてもらいに来る姿もあります。

あそび

- 水あそびは7月から始めて、たっぷり1か月あそんで子どもたちも慣れてきて、積極的に水とかかわる姿が見られるようになりました。パイプシャワーやブルーシートの枠にたまった水で大胆にパシャパシャ！顔にかかってもへっちゃら！

- はじめてやってみたしらたきの感触あそび。さわってみるけど「なんだろう？」と不思議な顔の子どもたち。背中にペタッとひっつくとびっくりしたり、見ただけで保育士のそばに来る子もいました。

9月の たまごぐみ

「やってみたいな」と思える生活づくりを

◆ 職員体制が変わり、安心できる環境づくりを

　9月から産休などで職員体制が変わりました。安心できる保育士の存在を土台にして、新入園のＳＳちゃんも在園の子どもたちも、不安にならずに過ごせるように考えていきました。

◆ 見とおしや「やりたい」と挑戦する姿も

　子どもが自分で「〜したいな」と次の活動に向かえるようなことばがけ、環境設定をして、わかりやすい生活をつくっていきます。
　くつ下とぼうしを身につけたら散歩に行く、という

見とおしも少しずつわかるようになってきました。月齢の高い子は、保育士がくつ下をはいて見せると、自分ではいてみたいと挑戦する姿もありました。

◆ 発見が楽しい路地裏散歩

　午前中の活動で散歩に行くようになりました。春のときは乳母車に乗ってのぐるり散歩がほとんどでしたが、車がほとんど通らない路地で乳母車から降りてあそびました。近所のおうちの犬や、たぬきの置物におはようのあいさつをしたり、葉っぱをさわってみたりと、発見が楽しい路地裏散歩です。

9月のねらい

★ 秋の自然にふれ、季節を感じ、保育士といろいろなものを発見して楽しもう。
★ 好きなあそびをじっくり楽しみ、保育士との信頼関係を深めていこう。

ＦＳくんは保育士と手をつないで歩いて少しずつ広い道路に慣れていきました。ＨＳちゃん、ＭＲくんは路地に着くと「歩きたい！」と手をあげてアピール。月齢の低い子も乳母車から降りて、ハイハイやつかまり立ちで楽しんでいました。

1歳児ひよこのお部屋で

朝のあそびの時間に、月齢の高い子を中心に、少人数で1歳児ひよこぐみにあそびに行く日もありました。最初は緊張。でも、新しいおもちゃや、ちょっと年上の子があそんでいることが魅力的で、だんだん楽しくなりました。

ＨＳちゃんとＦＳくんとＭＲくんが3人で携帯電話のおもちゃでお話ごっこをして楽しんでいたり、友だちがしているあそびを同じようにやってみたり、「かしてー」のやりとりをしたりと、友だちとの関係も、少しずつ広がりはじめました。

9月のたまごぐみ

日課

- 朝早く登園し夜間保育を利用する子もいるので、その子のようすを見ながら、24時間の生活を見とおして日課づくりをしています。

- 暑い日は、散歩から帰ってきたらシャワーをする日も。月の後半、涼しくなってきたら、清拭に変えていきます。夕方涼しくなってから散歩に行く日もありました。

睡眠

- 9月入所のSSちゃんは抱っこやベビーカーに乗ると安心して寝られます。1人ひとりに合わせて気持ちよく入眠できるようにくふうしています。

- 9月生まれ〜1月生まれの5人は、午前睡を30分〜1時間ほどしました。午前睡の時間が短かくなったり、しなくても大丈夫になったりする子も。

食事

- 今までお試しで少しずつ食べていた完了食のメニューも種類が増えてきました。奥歯でしっかりかんで食べられるようになり、葉物や揚げ物も食べるようになりました。

排泄

- 「おしっこ替えようね」と声をかけると自分からマットにコロンと横になったり、自分でおむつ替え台に来て、出たことを教えてくれるようになりました。

あそび

- お世話好きなＩＭちゃん、ＷＪちゃん、ＨＳちゃんは、キューピー人形を寝かせたり、ミルクをあげたりするあそびが楽しくて、ＩＭちゃんは午睡のときに、友だちをトントンして寝かせようともしていました。

- ままごとやお買い物など、お部屋でのあそびも少しずつ充実してきました。お皿にチェーンをのせて、レンゲで食べるまねっこをしたり、かばんを持ってお出かけごっこをしたりと、体験したことを再現してあそぶ姿もありました。

はじめての運動会もいつもの雰囲気で

◆ 安心できるように関係づくり

　2月生まれのOSくんが入園し、朝の受けいれの時間にいる保育士が関係をつくって、安心できるようにしていきました。月の終わりごろには、7月生まれのIEちゃんの親子通園も始まりました。

◆ はじめての運動会！

　朝の集まりでは、4月から大グループを中心に、いつも基本の流れを変えず、絵本を読んだり、キリンのパペットで子どもたちの名前を呼んでタッチしたりしてきました。絵本『だるまさんが』シリーズでは、だるまさんのことばに合わせて体を揺らしたり、「びろーん」で身体を伸ばしたり、「ぎゅっ」で保育士や友だちとぎゅーっとしたりして、みんなで楽しく読んできました。
　そこで、はじめての運動会の取りくみでも、行事だから特別なことをするのではなく、日ごろ楽しんできた朝の集まりの雰囲気を紹介したいと、『だるまさんが』の絵本をモチーフにしました。

◆ 運動会前の懇談会で

　ゼロ歳児は、運動会には保護者といっしょに参加して、全園の人に自己紹介をすることをメインにしています。
　懇談会のとき、運動会のことや子どもたちのようすを交流しながら、保護者にだるまさんのイラストに顔を描いたり、色を塗ったり、子どもの名前を書いてもらいました。おなかの部分には家

10月のねらい

★ 保育士や友だちとあそぶことを楽しもう。
★ 保育士を仲立ちに、友だちとあそぶ楽しさを知ろう。
★ 保育園の生活に慣れよう。

族の写真を貼ってラミネートし、後ろにゴムひもを通して、当日、保護者に背負って登場してもらいました。

運動会後にはこのイラストを部屋に飾りました。「あっ」と、言いながら自分や友だちのを指さして、楽しんでいました。

運動会の流れ

保育士の「はじまるよ」の口歌で入場→2か所に用意したブルーシートに外側を向いて座る（4人1グループ）→「抱っこして」のふれあいあそびを親子で楽しむ→「○○ちゃんと、○○ちゃんと、○○ちゃんと、○○ちゃんが～」と名前を呼ばれたら、親子でその場をぐるりと回る。

1グループ「ぺこ」とお辞儀、2グループ「びろーん」と高い高い。3グループ「ぽにん」と隣の子とおしりをこつん。4グループ「ぎゅっ」と親子ハグ→全員で「パパとママと…うーんパッ！ピース」→11月入所のＩＥちゃんの紹介→「さんぽ」の口歌で退場。

たんぽぽ保育園

10月のたまごぐみ

日課

- 朝寝は、登園の早いＩＭちゃん、ＡＫくん、ＴＹくんが15〜30分、10月生まれのＫＭくん、1月生まれのＯＴちゃん、2月生まれのＯＳくんは30分ほどしていました。

- ＭＭちゃんやＨＲちゃんは、朝寝しなくても昼まで起きていられるようになり、朝の集まりに参加することが増えてきました。

- 午前中の主活動は、なるべく少人数での活動を心がけ、公園やぐるり散歩、路地裏などでたくさんあそびました。最終週からは、園庭にも活動を広げました。

睡眠

- ＩＭちゃんは朝寝をしっかりしてしまうと午睡が短くなってしまうこともあったので、少しずつ時間を短くしたり、朝ゆっくり起きた日は朝寝なしで過ごす日も出てきました。そうすることで、午睡でまとめて2時間くらい眠れるようになりました。

食事

- OSくんは入園したばかりで、なかなか離乳食が食べられず、家でのご飯のことも含めて、給食室とも相談して考えていきました。

- MMちゃんやHRちゃんは手づかみ食べが上手になってきました。大グループはスプーンを使い、自分で食べてみようとしていました。

排泄

- おむつを自分で持ってきて、替えてもらおうとするようになってきました。

あそび

- 近くの公園にもデビューしました。藤棚の下にあるベンチでつかまり立ちをして「♪トントントン」とあそんだり、自分で動いて探検をする子もいました。

- ままごとあそびも少しずつ楽しめるようになってきて、いつもご飯のときに歌ううたを歌いながら「パッチンいただきます」をしたり、「あーん」「カンパーイ」を、保育士や友だちと楽しめるようになりました。

11月の たまごぐみ

1人ひとりの要求や活動を大切に

◆ 固定しないグループで1人ひとりに合わせて

　活動の場面では、10月に引き続き、少人数での活動に加え、月齢に関係なくメンバーも固定しない2～3のグループに分け、1人ひとりの要求や活動が保障できるようにしていきました。

◆「自分のタイミング」を見守って

　月齢が真ん中ぐらいのKMくんは、月齢の高いMRくんがすべり台であそんでいるのを見て、行ってみようかなと近づいてみたり、やっぱりやめておこうかなと月齢の低い子がベンチでつかまり立ちをしているところに戻ってきたりする姿がありました。
　月齢の高い子に刺激されるちいさい子の姿だけでなく、KMくんのように、自分のタイミングで一歩踏みだしてみようと思うのを、保育士も見守っていられることがいいなと思いました。

◆ ちいさい赤ちゃんかわいいな！

　新入園のIEちゃんは生後3か月。お母さんは休憩時間・育児時間に授乳に来てくれました。安心して眠っていけるように、抱っこのしかたをくふうしたりしました。しばらくは、30分くらい

> **11月のねらい**

★ 保育士や友だちといっしょにあそぶ楽しさを感じていく。
★ 1人ひとりの好きなあそびを見つける。
★ 新入園の子は保育園の生活に慣れていく。

寝ると起きていましたが、1か月くらいたつと1～2時間寝られる日も出てきました。
　自分よりちいさい赤ちゃんとわかるのか、4月生まれのHSちゃんや9月生まれのSSちゃんは、気にしてのぞきに来てくれます。IEちゃんも「いないいないばあ」や「大風こい」などで友だちが笑っているのを見て、体をひねって目で追ってみたり、楽しそうに手足をバタバタさせていました。

> **お誕生日会の日に**

　たんぽぽ保育園では公開保育という日は設定せず、お誕生日会の日に、午前中からご飯まで、お父さんやお母さん、おじいちゃん、おばあちゃんなど家族の方にいっしょに過ごしてもらい、おめでとうのセレモニーをしています。その子にとっては特別な1日です。
　10月生まれのKMくんのお誕生日会。KMくんは、お父さん、お母さんもいっしょに散歩に出かけ、とてもうれしそうに、おしゃべりもいっぱいしていました。

11月のたまごぐみ

日課

- 毎日同じ生活をくり返して、次の活動に期待がもてるように環境を設定したり、声かけのしかたもくふうしました。

睡眠

- 月齢が高いWJちゃん、FSくん、MHくんは、おふとんをかけてあげると自分で寝ていけるようになってきました。他の子も、眠たくなると自分でふとんにゴロンとする姿も見られるようになってきました。

食事

- 食事のテーブルの配置を変えてみました。自分で自分のイスに座れるように子どもたちを真ん中にし、保育士は壁側に座って、自分のテーブルだけではなく、他のテーブルのようすも見られるようにしました。

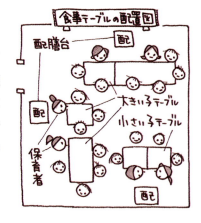

- TYくんはご飯の時間に自分のテーブルに行くときに、その途中にある配膳台に寄り道をして、つまみ食いをすることも。すると今からどこに行くんだったかわからなくなり、またあそびに行ってしまうことがありました。テーブルの配置を変えると、そういうことは少なくなりました。

🔖 **排　泄**

- 月齢の高い子は、うんちが出るとおしりを押さえて教えてくれる子もいました。

🔖 **あ そ び**

- 公園では砂場あそびも楽しくなってきました。6月生まれのNSちゃんは砂場が好きになり、公園に着くとすぐにどっしり座りこんで、帰るまでずっとあそんでいます。レンゲとカップを持って、砂をすくって入れたり、保育士が作った型抜きのプリンを崩すことを楽しんでいました。

- 幼児クラス（3・4・5歳児の異年齢）といっしょにリズムをしました。手をつなぐリズムでは、幼児さんが誘いに来てくれるので、うれしくて手をつなぎに行く子や、緊張して保育士と手をつなぐ子など、さまざまな姿が見られました。

たんぽぽ保育園
たまごぐみの12か月

途中入所も含め17人のクラスで、月齢差もある中で、保育士みんなで子どもたち1人ひとりがどうしたら心地よく過ごせるか、要求や願いをかなえてあげられるかを考え、保育づくりをしてきました。

生活の場面では、24時間の生活を家庭とともに考えていきました。たとえば、午前睡の移行期にはその日の起きた時間や体調を見て、午前睡をしたほうがいいか、しなくてもご飯までもつか、寝るなら何分くらい寝たら次の活動へ気持ちよく向かえるかなどを考えて保育しました。そのなかで少しずつ、午前睡がなくてもしっかりあそべるようになっていきました。1人ひとり日課は違うけれど、その子が心地よく生活できることを考えていくことが大切でした。

あそびの場面では月齢に合わせたおもちゃや活動で、1人ひとりの好きなあそびを見つけることを大事にしてきました。その一方で、ちょっとした時間にみんなで笑いあう時間もつくってきました。活動の区切りで、少し落ち着かない雰囲気になったときには、子どもたちの好きなうたや手あそびをすると楽しい雰囲気になり、その場にいたみんなで「あはは」と笑いあえました。楽しい雰囲気は、保育士がつくっていくことも大切だと思いました。

後半になってくると、子どもたちの行動範囲も広がっていき、同じ月齢のグループでは、特に散歩へ行くときには、安全を守ることが難しくなってきました。そして1人ひとりの活動を保障するためにも、少人数のグループで活動していきました。月齢に関係ない高月齢と低月齢のグループで散歩へ行くと、探索活動が楽しい子にも、つかまり立ちが楽しい子にも活動の保障ができました。そして、いっしょに活動することで、高月齢の子のあそびが魅力的に見えて、低月齢の子のあそびが広がるきっかけにもなりました。ゼロ歳児でも友だちの姿からあそびが広がっていくことがわかりました。

1人ひとりが心地よく生活できているかな？どんなことに興味をもっているかな？と目の前の子どもたちの姿を見て保育を考えていくことが大切でした。（﨑岡晴美）

12月〜3月の はなまめぐみ

★ さざんか保育園 ★
ゼロ歳児クラス

大きくなったね
桜も咲いたね

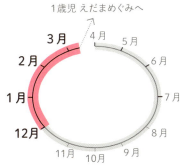

さざんか保育園
はなまめぐみ

行事

12月	●誕生日会・クリスマス会
1月	●公開保育　●誕生日会
2月	●誕生日会
3月	●誕生日会　●クラス懇談会　●大きくなったお祝い会

主な日課（12月）

8:00	あそび
9:00	ホッとタイム おむつ替え プレイルーム 朝の集まり 小グループ朝寝
10:00	あそび 清拭・着替え
11:00	昼食・離乳食 午睡
14:00	起きた子は プレルームであそぶ
15:00	おやつ みんなあそび
16:00	あそび お茶タイム
17:00	おむつ替え あそび 小グループ夕寝
18:00	

2014年度　はなまめぐみ

- HHちゃん　13年4月生／13年8月入所
- UKくん　13年6月生／13年9月入所
- KMちゃん　13年5月生／13年10月入所
- AYちゃん　13年5月生／4月入所
- ISちゃん　14年3月生／4月入所
- SMくん　13年4月生／6月入所
- YSちゃん　13年5月生／7月入所
- KRちゃん　13年8月生／7月入所
- MSくん　13年8月生／8月入所
- IYくん　13年9月生／9月入所
- IDくん　14年5月生／9月入所
- OTくん　14年2月生／11月入所

担当保育士
- なかちゃん（31年目）
- ゆりちゃん（4年目）
- みやくん（1年目）

臨職
朝／昼／夕　4名

3月の月案　方針と取り組み

集団づくり	クラス運営	●月齢、興味に合った楽しいあそびをする。●進級を意識したとりくみをする（食事のグループ替えなど）。
	魅力的な取組	●1人ひとりが好きなあそびを見つけて、保育士や友だちと一緒にあそぶ。●さんぽ、お部屋あそび、わらべうた、朝の集まり、おやつの後のお楽しみを楽しむ。●1歳児の部屋であそぶ。
	あそび	●1人ひとりの好きなおもちゃであそぶ●お部屋でのごっこあそび、探索できるあそびを楽しむ。●お庭での砂あそびを楽しむ。
	集団あそび	●手つなぎあそび、まてまて追いかけあそび、体操あそび、大風こいや手あそびなどを保育士や友だちと一緒に楽しむ。
	さんぽ	●外気浴を楽しむ（ベランダ、庭）。●抱っこやベビーカー、乳母車で散歩に行く（山崎川沿い・田辺公園・田辺グラウンド）。●季節の自然に触れて楽しむ。
	作って食べる	●細巻（給食室に来てもらい、作ってもらうのを見る）
	環境	●食べる、寝る、あそぶなど、自分で見とおしの持てる環境をつくる。●少しずつ、あそび方のルールも伝えていく。
課業	手指活動	●いろいろな素材に触れる（布、紙、砂）。●手指を使ってあそぶ（ビーズコースター、ポットン落とし、こま、スプーン、スコップなど）。
	体育	●いろんな所をハイハイしたり、つかまり立ち、1人立ち、歩行を楽しむ。●赤ちゃん体操やリズムあそびを楽しむ。●坂や段差をよじ登ったり降りたりして楽しむ。●ボールあそびを楽しむ。
	科学	●新芽、春の草花、春風などの自然を楽しむ。●犬・猫・鳥などの小動物に興味をもつ。
	文学	●絵カードや簡単な絵本を楽しむ。『ふうせんねこ』『こりゃまてまて』『あなたはだあれ』など。
	わらべうた・音楽	●わらべうたに耳を傾けたり、手あそびのまねもして楽しむ。「ひなまつり」「ずくぼんじょ」「たんぽぽ」など。
	絵画制作	●モビールを楽しむ（ちょうちょ）。●シール貼りあそびやお絵かきをやってみる。
基本的生活	育てたい力	●要求をかなえてもらう心地よさを知る。●友だちの存在を知り、一緒に生活することを楽しむ。
	日課	●家庭と連絡を取り合いながら、早寝早起きを心がけ、1人ひとりに合った日課をつくっていく。
	睡眠	●安心して入眠していき、必要な時間の睡眠がとれるようにする。●自分からふとんに行き、ゴロンと横になれるようにことばがけをする。●うつぶせ寝にしない。
	食事	●1人ひとりに合わせた離乳食を進める。●月齢に応じて手づかみ食べ、ひと口でかみとる、コップから飲む、スプーンで食べるなどを伝えていく。
	排泄	●おむつを替えてもらうことが気持ちいいと思えるようにする。●自分からおむつを持ってきたり、交換マットにゴロンとする。
	着脱	●声かけをしながら楽しく着替えをする。●パンツ、ズボンなど自分で脱ごうとしたり着替えようとする。
	清潔	●食事前後にタオルで手と口をふく。●ご機嫌なときに温かいタオルで気持ちよく清拭をする。●手や服の汚れに気づくようにことばがけをする。
	片づけ	●自分のくつ、ぼうし、ジャンパーを取りに行ったり、片づけようとする。●生活の区切りでおとなと一緒に片づける。
	健康	●清拭、着替えのときに全身状況を観察する。●登降園時、子どもの体調を伝えあう。
	連絡	●ISちゃん、1歳！おめでとうございます♪　4日10：15～　お誕生会をします。●衣類、おむつなどへの名前の記入を忘れないようにお願いします。●13日（金）18：30～20：30保育懇談会を行います。1年を振り返って、大きくなった子どもたちのことを交流しあいましょう

さざんか保育園

12月の はなまめぐみ

サンタさんや雪にわくわくどきどき！

◆ 友だちに気持ちが向かう姿が

　大グループ9人は全員1回睡眠になり、午前中は近くの山崎川沿いを乳母車に乗ってぐるり散歩をしたり、公園やグラウンドで降りて歩くことを楽しみました。小グループの3人（OTくん、ISちゃん、IDくん）は食後の12時からが心地いい時間に。プレイルームの扉を開けると、自分からハイハイで移動。広い場所でつい立てにつかまり立ちしたり、おもちゃをなめてあそんでいて、他クラスの職員に声をかけられ、にっこりと笑い返します。

　月齢の高い子からお友だちの名前が出てきたり、お友だちをハグしたり。まだ力をコントロールできなくて、ハグされたほうがびっくりしてしまうこともありますが、毎日いっしょに過ごしているからこそ、友だちに気持ちが向かっていく、ゼロ歳児集団のかけがえのない姿のひとつだと思いました。

◆ 誕生会にサンタさん登場

　毎月1回、全クラスが集まり、誕生会をします。誕生児の紹介、

12月のねらい

★ 安定した生活と楽しいあそびの中で保育士との信頼関係を深めよう。
★ 新入園のお友だちと仲よくなろう。

　写真や手形・足形などで作ったカードをプレゼントし、みんなでうたを歌い、人形劇などの保育士の出し物を楽しみます。
　12月はそれに加えてサンタさんがプレゼントを持ってきてくれました。園長が扮しているのですが、はなまめさんは気づかず。赤い服に白い髭の姿に動けなくなってしまう子、保育士にしがみつく子、泣き出す子、興味いっぱいに見ている子。ちょっとわくわくどきどきの経験を味わい、部屋に戻るとほっとした表情。保育士にとっても、どの子も大きくなっていることを感じる会です。

お部屋の中で雪あそび

　珍しく雪が積もった日。雪の感触を伝えたいなと思い、プレイルームにブルーシートを敷き、その上にちいさな雪山を作り、洗面器の中にも雪を入れて置きました。指先でつんつんさわったり、ギュッと握ったり、雪の上を歩いたり、洗面器を大事そうに抱えたり。「つめた〜い」「たい、たい」と言っている子もいれば、KMちゃんはずっと困った顔をして雪から目をそらしています。1人ひとりの感じ方や受けとめ方があることを、いとおしく思いました。
　次の日、乳母車でぐるり散歩に出かけると、椿の垣根に残っている雪を見て、人さし指を出して「つんつん」と言うHHちゃん。AYちゃんは「ゆき！ゆき！」とつぶやいていました。雪との出会いは印象に残ったかな。

12月のはなまめぐみ

日課

- 登園の早い大グループの子どもたちが、10時半にはおなかがすいて、先に小グループが食事をしているとガラス戸をドンドンたたいて泣いてしまう姿が。そこで、8時半ごろ「ホッとタイム」でその子に合った量のおせんべいを食べることにしたら、食事までの少しの時間、好きなあそびや清拭をして、落ち着いて過ごせるようになりました。

睡眠

- 11月入所のOTくんは、下旬には朝寝をすると午睡がなかなかできないようすに。いっぱいあそんで楽しかったと気持ちよく寝られるといいなあと、朝寝はやめて大グループと散歩に行くことにしました。すると食後のミルクを飲みながらすやすやと入眠、夕方もご機嫌。改めて1人ひとりが要求する生活を大切にすることを学びました。

食事

- 毎日、食事のようすを給食室の職員が見に来ます。中期食のISちゃんは自分で持って食べたい気持ちが出てきて、野菜や魚をつかみやすい大きさにしてもらいました。そんな姿を見ているうちに、濡れている感触が苦手だったOTくんも、手づかみ食べを始めました。

あそび

- 11月の末、おやつのあと、全員が起きていて授乳やおやつで気持ちも満足している時間に「みんなあそび」を始めました。うたを歌ったり絵本を読んだりハンカチをマントにしてアンパンマンになって部屋の中を走ったり、子どももおとなもいっしょに「たのしい〜」と共感のひとときに。

毎日意識して取りくんでいると「♪はじまるよ〜」に合わせて集まってきます。小グループの3人は、つい立てで仕切ってある小グループコーナーから、つかまり立ちでのぞきこんだり、保育士のひざの上から笑いかけていました。

- 『かんかんかん』の絵本が大人気！他の絵本にはあまり興味を示さなかったＭＳくんも真ん前に座ってずーっと見ています。ＫＲちゃんは「ないないば」のところを覚えていて、いっしょに「ないないば〜」と言います。ＳＭくんは「んまんま〜」、ＨＨちゃんは「にゃーにゃー！」、それぞれ好きなフレーズが。「もーいっかい」に応えて4回続けて読んだけれど、最後まで集中して見ていたのにはびっくりしました。

1月のはなまめぐみ

体調崩しお休み続出！お母さんたちの悩みも…

◆ 感染症で次々に…

　新年早々の第2週、下痢・嘔吐が子どもにも保護者にも続出、お休みが多くなりました。消化のよい給食メニューに変えてもらい、下痢のたび別室でおむつ替え、子どもがなめたりよく使うおもちゃは消毒して感染予防。月末ごろやっと終息を迎えました。

◆「はなまめつぶやきノート」

　お迎えに時差もあり、ふだん顔を合わせて話すことが少ない保護者同士が気軽に交流できたら、という思いから、5月に「つぶやきノート」を始めました。

> **2人のママからの悩み**
> ● 最近は帰宅するとYはぐっすり寝てて、朝しか接してません。こんなお母さんでいいのかなー？預けるときには泣かれるし…。
> ● 2人を育てながら働くことの大変さを感じているところです。ちなみに今月は数日しか出勤できず…。

> **他のママたちからの返信**
> ● 子どもといっしょにいられず、学業・家事もちゃんとできず、落ちこみましたが、手伝ってくれる人がたくさんいる！と思い直して気合いを入れたところです。弱音吐きながらでも母、がんばりたいです！
> ● わかります。かぜひくたびに自分のせいだとつらかったです。上の

1月のねらい

★ 安定した生活と楽しいあそびの中で保育士との信頼関係を深めよう。
★ 子どもたちの「自分で」の思いを大事に受けとめて取りくんでいこう。

> 子は2歳になったらほんとにひかなくなりました。仕事が休めればいいのにと思っていたけど、休めてもやっぱり心は辛いですね。子どもは必ず強くなります。今が一番辛いときかな…。みんな共感しています。がんばってー！！

共感しあい、励ましあいながら子育てをする保護者の姿に、保育士もたくさん学ばせてもらっています。

キリンさんとにらめっこ

ぐるり散歩でお店の前の大きなキリンを見に行ったとき、ＨＨちゃんが「あっぷっぷ！」。「？」と思ったけど試しに「キリンさーんキリンさーんにらめっこしましょ」と歌ってみたらノリノリ。保育士が「あっぷっぷ！」とキリンに変な顔を向け「アッハッハー！」と笑うと、ＨＨちゃんが「アハハ！」。ＫＭちゃん、ＹＳちゃん、ＳＭくんも楽しそう。何回かやると、みんなもいっしょに変な顔して「アハハ！」。

キリンが笑わないからにらめっこには負けて帰ってきたけど、すごく楽しかったよ！

さざんか保育園

1月のはなまめぐみ

睡眠

- ISちゃん、IDくんは朝寝の時間を短くして、午睡でたっぷり睡眠がとれるようにしていきました。

食事

- 行事食のおやつではじめての七草がゆが出ました。緑の葉っぱに気づいてあまり食べないかと思いきや、すぐに空になった器を見せてくれるほどどの子もよく食べ、おかわりしてたりないくらい。次の週の七草がゆは、量を増やしてもらいました。

排泄

- 大グループの子から、自分で紙パンツを脱ごうとする姿が出てきました。

あそび

- SMくん、IYくん、MSくんの3人が、プレイルームやお部屋で車のおもちゃを走らせることが多くなってきました。そんなあそびを広げたいと思い、カラーボックスを横向きに置き、その上に道路

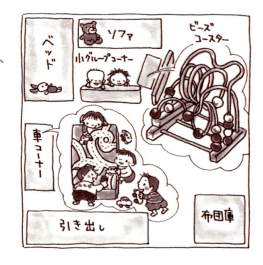

を貼りつけ、車コーナーを作ると、うれしそうにあそんでくれました。

- つかまり立ちを始めた小グループの3人。ビーズコースターを小グループコーナーに移動させ、つかまり立ちでのあそびを充実させました。

- 絵本『ぞうくんのさんぽ』は、はじめは月齢の高い子以外はあまり興味を示していませんでした。1か月読んでいくと、絵本が始まると背を向けていたMSくん、IYくんも「うんうん」「さんぽだよ」「おもいぞ」など、セリフを覚えていっしょに言って楽しめるようになりました。

- プレイルームで「さんぽ」のうたに合わせてテクテク歩くとき、お友だちに手を差しだして手つなぎをしたり、「つなご」と、声をかけて手をつなぐ姿が出てきました。

- キューピーさんを向かいあわせてトントンしたり、カップにチェーンを入れてまぜまぜしたり。SMくんが作ったものを、HHちゃんにどうぞしてパクリ。少しずつ友だちとのかかわりが増えてきて、大きくなったことを実感しました。

さざんか保育園　57

2月の はなまめぐみ
友だちの存在にひかれ イヤイヤの自己主張も

◆ 安心できることばかけを大事に

　アンパンマン柄のおふとんの上で「あんぱんまん」と言いあいながら２人で体を揺らしていたり、キューピーを抱っこして保育士の口まねで「おもい〜」「よいしょ」と寝かせあそびをしたり。どの子も友だちとの楽しそうな場面がたくさんありました。

　生活の場でもあそびの場でも、「もういっかい、もういっかい」「○○ちゃんも」とことばで伝えてくれたり、保育士の手を取って連れていき「あっ、あっ」と指さしして、ほしいもの、してほしいことを要求したり、「イヤイヤ」の自己主張も。

　お散歩にお部屋のおもちゃも持っていこうとして「置いてきてね」と止められ、地団太を踏んで「いやあ〜！」。その姿に、子どもの立場にたったことばかけは？と話しあいました。「おもちゃに、待っててねしてくる？」「あそんでからくる？」と、声かけすると、近くの棚にポンと置いたり、少しあそんでから、お友だちがテラスにいるのに気がついてやってきたりします。子どもが安心できることばかけが大事だなと思いました。

◆「はなまめつぶやきノート」から

あるママからの悩み
- 夕ご飯は、おなかが減ったと叫ぶので７時には食べるのですが、５分、10分で「もういらない」。アドバイスありますか？

2月のねらい

★ 安定した生活の中で、友だちとの共感を広げ、より楽しいあそびをしていこう。
★ 子どもたちの「自分で」の思いを大事に受けとめて取りくんでいこう。

他のママたちからの返信

● そういうものだと思ってました。10分後にはエプロンを取ってあそびだします。①ラップをちらつかせ「おにぎりだよ〜」②さらにのり缶登場「のりまきだよ〜」。でも、食べないときはあきらめてます。
● うちも5分しかもちません。あそびに行っちゃって、また戻ってきて食べたり。少しでも平気なのかなと思ってようすを見ています。姉もそうだったけど今では「ちゃんと座ってないと〜」と言ってます。大丈夫、変わるよ。ママがゆっくり食べられないのが難点だね…。

先を見すえて待つ姿勢の大切さを教わったノートでした。保護者の交流やがんばりに、いつも元気をもらい支えられています。

「あっぷっぷ！」がつながってワクワク

朝の集まりで絵本『どうぶつのおやこ』を見たとき、キリンの親子の場面でキリンのうたを歌うと「きりんさん、あっぷっぷ」とHHちゃん。他の子ものってきて「あっぷっぷ！」。散歩先でのにらめっこあそびがつながってワクワク！「キリンさ〜んキリンさ〜ん　にらめっこしましょ　わらうとまけよ　あっぷっぷ」と歌うと「もういっかい！」とUKくん。そこで1人ひとりの名で歌い、それぞれ「あっぷっぷ」。どの子も笑いだしました。

2月のはなまめぐみ

> 睡眠

- 入眠の時差が出てきました。すぐに寝ない子たちは隣の部屋でひとあそびしてから。寝たい子、ちょっとあそびたい子、それぞれの生活リズムを保障しました。

> 食事

- 完了食の献立の種類が増えていき、今まで食べなかった食材も、シチューだったら食べるなど、いろんな味との出会いが食材を食べ始めるきっかけにもなっています。

> 排泄

- 1歳児えだまめぐみさんがトイレに座っているのを、ガラス戸越しによく見ていた子どもたち。お昼寝明け、座ってみたい子から座ってみることにしました。

> あそび

- HHちゃんがブロックを積み重ねてはめているのを、KMちゃんがじっと見ています。そうっと手が出て「いや！」と言われ、もう一度トライして「いや〜！」と言われ、泣きだしてしまいました。同じものを持ってきてみましたがそれではなく、HHちゃんのようにあそびたいのです。
保育士は気持ちを代弁してHHちゃんに「かして〜」と聞いてみます。当然「だめ〜」と返ってくるので「あとで貸

してもらおうね」と声をかけて、他のあそびに誘いました。まねをしたくなったり、友だちのおもちゃがほしくなったり、同じ場所がよくてそばに行って押したりする姿からは、友だちの存在に心ひかれ、同じようにいっしょにあそびたい気持ちが伝わってきます。友だちを求めていくからこその姿に、大きな育ちを感じました。

- 鬼がきた〜！保育士がかわいい鬼のお面をつけて登場。泣きだしたり、動けなくなる子どもたちの中で、UKくんは保育士だとわかったのか、お面を取りに来ました。いつもの保育士を見て安心して、うれしそうに逃げていく子どもたち。その  日から、鬼のお面をお部屋に貼り、ボールや、新聞紙破りの紙を丸めて、保育士が投げるのを見たり、鬼には届かないけど、自分で投げて楽しみました。

- グラウンドへ散歩。大・中グループのみんながしっかり歩けるようになってきて、マテマテあそびや、転がるボールを追いかけたり、両手にボールを持って歩くだけでも楽しそう。「5・4・3・2・1・0・はっしゃ〜」と走ったり、小グループの2人も、広い場所で「ハイハイ」「歩く」「走る」を満喫することができ、満足そうでした。

3月の はなまめぐみ

進級に向け環境整備
自分でやりたい姿が

◆ まねしたり、取りあったりしながら…

いっしょに走りたい！お人形を寝かせたい！と、月齢の高い子どもたちのあそびに月齢の低い子どもたちが一生懸命ついていこうとしていたり、逆に、月齢の高いHHちゃんやSMくんが、小グループの子といっしょにハイハイする姿に心が温まりました。

車コーナーでは男の子たちが車を走らせていて、隣の部屋では食べ物を包丁でチョキンと切っておままごと。友だちとたくさん共有、共感しながら自分の好きなおもちゃであそびこんでいました。

お友だちのおもちゃが魅力的に見えるし、「自分の！」という気持ちが大きくなってきたからこそ、取りあう姿も。そんなときは、両方の子に同じおもちゃを渡したり、「ほしかったね」と気持ちを代弁してきました。保育士にしっかりと気持ちを受けとめられて、またいっしょにあそぶ姿もたくさん見せてくれました。

◆ クラスの保育懇談会から

はなまめぐみ最後の保育懇談会。1年をふり返って、子どもたちの姿や成長したことなどを、保護者と交流しました。

「最初は毎日きつくて悩むことも多かったけど、つぶやきノートに悩みを書いたら励ましてくれるママや、元気にあいさつしてくれる保育士のみなさんがいて本当にうれしかったです。朝のバイバイもできるようになったし、感謝の気持ちでいっぱいです」

「第一子で、これでいいのか？と思うことがたくさんありました。でもいろいろなお母さんが自分の子どものことをいっしょに見

> ### 3月のねらい
>
> ★ 安定した生活と楽しいあそびの中で友だちとの共感を広げよう。
> ★ 子どもたちの要求や自己主張を大事に受けとめ、取りくんでいこう。

守ってくれているということがすごく伝わってきました。この保育園に入園できたことは本当にラッキーだったと思います」など、笑いあり涙あり、感動あり。

　はじめて保育園に預けて悩みや不安があるなかでがんばってきたお父さん、お母さんの思いが伝わってきました。保護者の方、子どもたちから学び、保育士たちも成長させてもらいました。

はじめてのクッキング

　今までは隣の１歳児クラスのクッキングを興味深そうに見ていました。この日、おやつの時間に給食室のきみちゃんが来てくれて、何ができるのかな？とじーっと見ていました。大好きな細巻きが目の前でできてくるとだんだん楽しくなってきて、完成するとパチパチと拍手も。「クルクルしてたね」「チョキンしてたね」と保育士も話しかけながら、みんなで楽しく食べました。

　次の日、覚えているかな？と、布を巻いて細巻きごっこを始めてみると、子どもたちも布を取りに行って、クルクルと作りはじめ、トントンと切るまねも。楽しいあそびがまた１つ増えました。

3月のはなまめぐみ

日課

- ほしがらないようすも見えてきたので、3月後半からホッとタイム（おせんべいを食べる）をやめてみました。なくてもご機嫌で午前の活動に参加できるようになりました。後半には、小グループもいっしょに午前のあそびをすることが増えました。

- お散歩のときぼうしやジャンパーを持ってきたり、清拭のとき服を脱ごうとすることも多くなりました。次の活動を期待しながら自分でやりたいと思える姿がステキでした。

- 1歳児えだまめぐみに向けて、お部屋に慣れるためによくあそびに行きました。第4週からは、えだまめぐみのお部屋で生活を始めました。

睡眠

- 1人がおふとんに入ると「○○ちゃんも」といっしょにおふとんに入ったり、自分から「ねんねする」と言ってゴロンとして、寝かせに来てくれるのを待っていたり。「○○ちゃん（くん）とねる」と、いっしょに寝たい保育士の名前を呼んでくれるようにもなりました。

食事

- 詰めこみ食べや、お魚がうまく飲みこめない姿が見られたので、給食室と相談してぱさつかないように調理してもらったり、ひと口大に切ってお皿にのせるようにしたりしました。

排泄

- 大グループの子どもたちは、おしっこやうんちが出たことがわかり、保育士に伝えてくれたり、自分でおむつを脱いだりするようになりました。

あそび

- たくさんくっつけて長〜くするのが楽しい！ＨＨちゃんとＡＹちゃんは「やろうよ」と言いながら、仲よくプッチンはめに熱中して、長くなったのをうれしそうに見せに来てくれます。ＵＫくん、ＭＳくんは、Ｂブロックをはめてあそぶのがうまくなって、たくさんつなげて満足気でした。

- 小グループの子もポットン落としが上手になりました。ケースを手に取って、床に打ち鳴らして鈴の音が出ることも楽しんでいました。

- 新しいお庭あそびのおもちゃの中でも、特に子どもたちのお気に入りはソフトクリームの砂型。「○○ちゃんも！」と、お友だちが持っているのを見て保育士のところへ型を持ってきて作ってもらいます。砂のソフトクリームを大事に抱えて、うれしそうに笑いあっていました。

さざんか保育園

さざんか保育園
はなまめぐみの12か月

　4月当初5人で始まったはなまめぐみ。ゼロ歳児クラス2年目の3人は昨年度と担任が替わり、不安気な表情で「どうして私の保育士さんはいないの？」という気持ちをたくさん伝えてくれ、新入園の2人もドキドキする気持ちや不安をしっかり出してくれました。そんな姿を大切に受けとめながら、楽しいあそび・好きなあそびはなんだろう？と思いをめぐらせていきました。

　昨年度からよくあそんでいたプレイルームへ4月になって初めて行ったとき、2年目はなまめさんの表情がパッと明るくなり、ここでのあそびが大好きだったことがわかりました。昨年よくあそんでいたリズムあそびをすると、日に日に3人の表情がやわらかくなっていきました。

　そんな姿から昨年のあそびを引き継いで大事にしたいと思い、夕方散歩に行ったり、朝の集まりをしたり、よく楽しんだペープサートをしてあそんだことで、グッと仲よくなることができました。新入園児の2人もお散歩が大好きということがわかり、つかまり立ちをしての探索あそびのほか、お庭や公園での砂あそびでは興味のあるものに自分から向かうことができるようになり、あそびが広がっていきました。

　1年間、子どもたちの「これがしたい！」「これであそびたい！」という気持ちを大切にして、思いがかなえられる安心感をたくさんつくっていきたいと、保育してきました。また、保育士との信頼関係を土台にしながら、友だちとのかかわりを「楽しい！」と思えるようなことばかけや取りくみを大切にしました。

　年度の後半には12人のクラスになり、ちいさい子は大きい子といっしょに歩きたい、走りたい！と歩く練習をがんばる姿がありました。反対に、ちいさい友だちの顔を見ながら大グループの子どもたちがいっしょにハイハイする姿もあり、友だちとのかかわりにほんの少し目が向いてきたなと感じられました。

　そんな姿を日々のノートや懇談会で保護者にも伝え、保護者とともに喜びあえた1年でした。

（宮原洋希）

新瑞福祉会のゼロ歳児保育で大切にしていること

高羽千賀・伊藤洋子

ゼロ歳児には心地よさをたっぷりと

　保育園ではじめて家族以外のおとなである保育士と出会い、関係を築いていくゼロ歳児の赤ちゃんたち。朝のお別れで泣けたり、離乳食をなかなか食べられなかったり、まとまった時間お昼寝ができないなど、個人差はありますが、慣れるまでには少し時間がかかります。

　保育士とは、いっしょに過ごすなかで、「心地よいうたを歌ってくれる人」「たくさん語りかけ、笑いかけてくれる人」「おいしいご飯を食べさせてくれる人」「伝えたいことをわかってくれる人」「楽しいことをしてくれる人」と、安心できるおとなとして信頼関係ができていきます。そして、保育園が安心できる場所になっていきます。このようにゼロ歳児の保育では、保育士との信頼関係を結び、「気持ちがいいな、楽しいな」と、心地よさをたっぷりと感じられることを大切にします。

子どもは自分をわかってくれる保育士が大好き

　ゼロ歳児保育の前半は、起きている時間を気持ちよく過ごし、食事や授乳、おむつ替え、清拭など生活の１つひとつを心地よく感じられるように、１人ひとりにていねいにかかわっていきます。

　毎日自分のそばにいて、自分のことをわかり、気持ちよくしてくれる保育士のことを、子どもは大好きになっていきます。「おはよう」と担当の保育士が声をかけると、にっこり笑い返してきます。保育士がそばを離れると「行かないで」と言わんばかりに泣いて不安を表します。大好きな保育士に支えられながら、子どもたちは安心して「ねむたい」「おなかがすいた」などの要求を出し、保育士は１人ひとりの要求を探り、受けとめ、かなえる。そんなかかわりのくり返しのなかで、信頼関係がしっかりとできていきます。

子どもの願いはどこにある？

　ゼロ歳児保育の後半は、生理的な要求に加え、心の育ちとともにやり

たい気持ちが芽ばえてきます。「さわってみたい」「これがほしい」「あっちへ行きたい」などのやりたい気持ちと生理的な要求の両方が満たされるように、子どもの願いがどこにあるのかを見つめることも大切です。

12月生まれのＹちゃんは、小グループで、いつもは午前睡をしています。朝の活動に向かう場面で小グループはお部屋、大グループは支援室と分かれてあそぼうとしていました。しかし部屋の扉の一番先頭で「早く開けて！」と言わんばかりに扉をバンバンとたたいているＹちゃん。活動の途中で眠くなってしまうかもしれませんが、「Ｙちゃんも行きたいんだね」と保育士同士で確認し、大グループといっしょに出かけることにしました。扉を開けると、支援室までの廊下を、うれしそうにハイハイで進んでいきました。

「眠くなるはずだから、Ｙちゃんはお部屋であそぼうね」とお部屋で午前睡をさせることもできましたが、Ｙちゃんの「行きたい」要求に応えることで、かなえてもらえた満足感と、活動に参加して楽しかった体験を積み重ねることを大切にしました。

24時間を見とおした日課づくり

ゼロ歳児の生活を考えるとき、まだことばでは自分の気持ちを話すことができない子どもの泣きの原因を探り、「目の前の子どもの、何を保障すると心地よい生活になるのか」ということを大切にしています。

4月生まれのＳちゃんは登園が早いため、午前睡をしないと離乳食の時間に眠たくなってしまいます。本当は食べることが大好きなのに、保育士と楽しい食事の時間を共有できずに終わってしまうことが気になりました。どうしたらＳちゃんがおいしく楽しく食事に向かえるのかを考えていく中で、Ｓちゃんが目をつぶり、コクリコクリと舟を漕ぎ出すのが、いつも11時20分ごろだとわかりました。そこで、Ｓちゃんだけ早めに活動を切り上げて、11時前に完了食ができあがるように給食室とも話をしました。それからは離乳食をしっかり食べられるようになり、保育士や友だちと、楽しい食事の時間を過ごすことができ、おなかも心も満たされて、自分で手を合わせ「ごちそうさま」をして席を立ち、午睡に向かっていけるようになりました。その後、しだいに体力もつき、

タイムリミットがじわじわと伸びていきました。

　このように、1人ひとりの心地よい生活を考えたとき、月齢や発達だけではなく、おうちでの日課も把握しながら、24時間を見とおした日課づくりが重要になります。午前睡をする・しない、授乳や離乳食の時間、活動の時間や中身など、心地よい1日の生活リズムをつくることは、1人ひとりを大切にする保育でもあります。

毎日のくり返しのなかで育つ「見とおす力」

　大好きな保育士を目あてにして、友だちと毎日同じ日課や活動をくり返すなかで、子どもたちの次の活動を見とおす力が育っていきます。保育士が「はじまるよ(朝の会)しようか」と声をかけると、朝の会のときに座るマットが手の届くところに置いてあるので、子どもが自ら気がついてマットを「ヨイショ、ヨイショ」と保育士のところまで持ってきたりします。散歩へ出発する場面でも、自分のぼうしやくつがわかるようになった子どもが、保育士のまねをして一生懸命自分でぼうしをかぶったり、くつをはこうとします。

　散歩のときは、乳母車まで保育士が抱っこで連れていくのではなく、安全に移動できるように環境を整えて、ハイハイや歩行で子どもたちが自分で行けるようにします。このように、子どもたちが、今獲得している力を存分に発揮しながら活動に参加する、子どもが中心になる生活を大切にしています。

子どもにたずね、自分で選びとり、決めていく

　安全のために抱っこで移動することもありますが、移動の方法でも、子どもが選びとり、決めていくことを大切にしています。

　子どもの気持ちをおとなが決めてはいけません。ことばが話せない赤ちゃんでも、ちゃんと自分の思いがあります。月齢の低い子どもは、不快なことはしっかり泣いて表現します。月齢の高い子どもは、イヤなときは首を横に振り、怒って泣きます。やりたいことにはうなずき、指さしをし、笑顔で応えます。楽しそうな空間には自分で気がついてハイハイして、その輪の中に入ってきます。そんな子どもの思いを大事にし、

子どもがやりたい、行きたいと思って、どんな活動にも向かってほしいと思うのです。

1つひとつ子どもにたずね、ゆっくりでていねいな働きかけと、子どもが自分で決めていくことを尊重できる保育士でありたいと思います。

保護者と話すことで安心感・信頼感を

保育園がはじめてなのは赤ちゃんだけでなく、お父さん、お母さん、おじいちゃんやおばあちゃんにとってもはじめての経験かもしれません。見学や面接でここなら安心できると決めても、わが子を預けるときになると、期待とともに不安が広がります。

最初の出会いが大切です。連絡ノートや送迎時などにくわしく昼間のようすを伝えましょう。家庭訪問をして家庭や職場のようすを知り、保護者の人柄にふれる機会も大事です。

ミルクの飲ませ方や寝るときのくせなど、細かいことも聞きとり、引き継いで、子どもの日々の変化や成長を喜びあううちに、「しっかり見てくれているな」という安心感や信頼感が生まれてきます。保育士との太い絆を結ぶ1年にしたいですね。

また、ゼロ歳児クラスでも4・5月生まれなどの月齢が高い子が多いと、1歳児クラスでよくみられる「かみつき」も始まります。事前に保護者に説明をしておくといいですね。

職員同士気軽に話せる雰囲気を

ゼロ歳児クラスは、複数の職員配置になり、朝夕の時間は短時間パートの方といっしょに保育をします。子どもたちの健康面の引き継ぎはもちろん、さまざまな伝達や連携が必要です。職員の動きや部屋の使い方についても、誰がいつ何をするかなど具体的に決めておくといいですね。また、子どもたちの成長が著しく、途中入所の受けいれが多いゼロ歳児クラスでは、年間を通して日課や離乳食などが何度も変化します。そのつど話しあって、決め直す必要があります。

日ごろから子どものことを気軽に話せる雰囲気をつくりましょう。

著：社会福祉法人 新瑞(あらたま)福祉会

執筆者
P 2～5　小西 文代
P 8～26　神田 春美・高羽 千賀
P28～46　﨑岡 晴美・稲垣 絵里
P48～66　中野 紀美子・加藤 百合子・宮原 洋希
P67～70　高羽 千賀・伊藤 洋子

絵：柏木牧子
ブックデザイン：稲垣結子（ヒロ工房）
表紙写真：こすもす保育園

本書は2015～17年度『ちいさいなかま』の連載を加筆・再構成したものです

ゼロ歳児クラスの12か月

初版第1刷発行　2019年1月25日

発行：ちいさいなかま社
〒162-0837　東京都新宿区納戸町26-3　保育プラザ
TEL 03-6265-3172
FAX 03-6265-3230
URL http://www.hoiku-zenhoren.org/

発売：ひとなる書房
〒113-0033　東京都文京区本郷2-17-13-101
TEL 03-3811-1372
FAX 03-3811-1383
E-mail　hitonaru@alles.or.jp

印刷：東銀座印刷出版株式会社

ISBN978-4-89464-259-1　C3037

月刊『ちいさいなかま』から生まれた本

ちいさいなかま 保育を広げるシリーズ　B5変型判・80ページ　本体1400円＋税

赤ちゃんのための手づくりおもちゃ
春山明美 著
近藤理恵 絵
赤ちゃんの「〜したい」気持ちをうながす手づくりおもちゃ、33点を紹介。

つくってあそぼ！ 園で人気の手づくりおもちゃ
『ちいさいなかま』編集部 編
近藤理恵 絵
身近な材料でカンタンに作れるおもちゃを、年齢別に54点紹介。

さわってわらっていっしょにあそぼ！ 園で人気のふれあいあそび
『ちいさいなかま』編集部 編
柏木牧子 絵
手あそび、集団あそびなど、どこでも手軽に楽しめる「ふれあいあそび」。

まいにちたのしいごっこあそび
『ちいさいなかま』編集部 編
近藤理恵 絵
全国の保育園・保育者から寄せられた、楽しい「ごっこあそび」の数々。

ごっこあそびゼロ歳児のあそびQ＆A
『ちいさいなかま』編集部 編
近藤理恵 絵
ゼロ歳児のあそび、ごっこあそびの悩みに答え、実践を年齢別に紹介。

ちいさいなかま 保育を深めるシリーズ　A5判・160ページ

保育のきほん　ゼロ・1歳児　『ちいさいなかま』編集部 編
西川由紀子、山崎祥子、井上昌次郎、帆足英一＋実践／本体1400円＋税
「発達・生活・遊び」「食」「睡眠」「排泄」の各視点を中心に解説。

保育のきほん　2・3歳児　『ちいさいなかま』編集部 編
西川由紀子、田代康子、杉山弘子、山崎祥子＋実践／本体1400円＋税
「発達と生活・遊び」「認識の広がり」「自我の育ち」「ことば」の各視点から解説。

保育のきほん　4・5歳児　『ちいさいなかま』編集部 編
服部敬子、寺川志奈子、杉山弘子、神田英進、大宮勇雄＋実践／本体1400円＋税
世界が広がる4・5歳児。この時期につけたい力、大切にしたい視点を考える。

乳児期の発達と生活・あそび　長瀬美子・著／本体1500円＋税
乳児期の発達の基本をおさえながら、その時々に求められる保育を解説。

幼児期の発達と生活・あそび　長瀬美子・著／本体1500円＋税
3歳、4歳、5歳の発達をおさえ、保育におけるおとなのかかわりも解説。

ちいさいなかま 保育を創るシリーズ　A5判

いい保育をつくるおとな同士の関係

『ちいさいなかま』編集部 編
中西新太郎、清水玲子、大宮勇雄＋実践
112ページ
本体1000円＋税

保育者・保護者、保育者同士・保護者同士が理解しあうための解説と実践。

保護者とかかわるときのきほん
—援助のポイントと保育者の専門性—

植田 章・著
120ページ
本体1300円＋税

保護者援助を保育者の専門性と位置づけ、その考え方と具体的な技法を紹介。